001

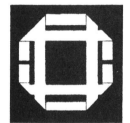

002

00

005

006

007

008

009

010

011

012

013

014

015

016

017

018

019

020

RECTILINEAR CREST DESIGNS. Well curb

021

022

023

024

025

026

027

028

029

030

031

032

033

034

035

036

037

038

039

040

RECTILINEAR CREST DESIGNS. Tortoise shell

041

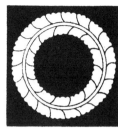

042

043

044

045

046

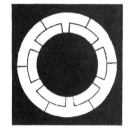

047

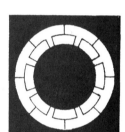

048

049

050

051

052

053

054

055

056

057

058

059

060

CIRCULAR CREST DESIGNS. Rows 1–3, circle; rows 4 & 5, cloisonne designs

 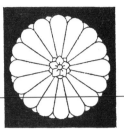  

061   062   063   064

   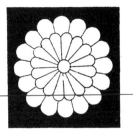

065   066   067   068

069   070   071   072

073   074   075   076

077   078   079   080

CIRCULAR CREST DESIGNS. Chrysanthemum

081

082

083

084

085

086

087

088

089

090

091

092

093

094

095

096

097

098

099

100

PLANTS. Rows 1–3, hanging wisteria; rows 4 & 5, climbing wisteria

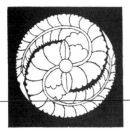

101

102

103

104

105

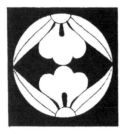

106

107

108

109

110

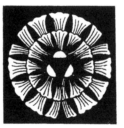

111

112

113

114

115

116

117

118

119

120

PLANTS. Rows 1–3, wisteria; rows 4 & 5, mistletoe

6

121

122

123

124

125

126

127

128

129

130

131

132

133

134

135

136

137

138

139

140

PLANTS. Paulownia

141

142

143

144

145

146

147

148

149

150

151

152

153

154

155

156

157

158

159

160

PLANTS. Rows 1–3, rice plant; rows 4 & 5, bracken

161

162

163

164

165

166

167

168

169

170

171

172

173

174

175

176

177

178

179

180

PLANTS. Hollyhock

181

182

183

184

185

186

187

188

189

190

191

192

193

194

195

196

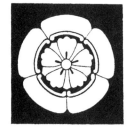
197

198

199

200

PLANTS. Rows 1 & 2, hollyhock; rows 3–5, *mokka*

201   202   203   204

205   206   207   208

209   210   211   212

213   214   215   216

217   218   219   220

PLANTS. *Mokka*

221

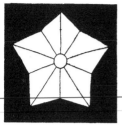
222

223

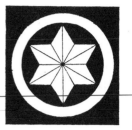
224

225

226

227

228

229

230

231

232

233

234

235

236

237

238

239

240

PLANTS. Rows 1 & 2, flax leaf; rows 3–5, candock

241

242

243

244

245

246

247

248

249

250

251

252

253

254

255

256

257

258

259

260

PLANTS. Oak

261

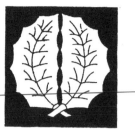
262

263

264

265

266

267

268

269

270

271

272

273

274

275

276

277

278

279

280

PLANTS. Rows 1–3, holly leaf; row 4, daffodil; row 5, arrowroot

281

282

283

284

285

286

287

288

289

290

291

292

293

294

295

296

297

298

299

300

PLANTS. Peony

 301

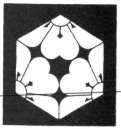 302

 303

 304

 305

 306

 307

 308

 309

 310

 311

 312

 313

 314

 315

 316

 317

318

319

 320

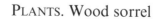

PLANTS. Wood sorrel

321

322

323

324

325

326

327

328

329

330

331

332

333

334

335

336

337

338

339

340

PLANTS. Rows 1 & 2, *Curcuma aromatica salish;* rows 3–5, *Zingiber mioga*

  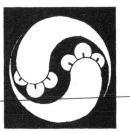 

341 342 343 344

 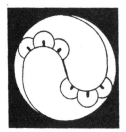  

345 346 347 348

349 350 351 352

353 354 355 356

357 358 359 360

PLANTS. Clove tree

361

362

363
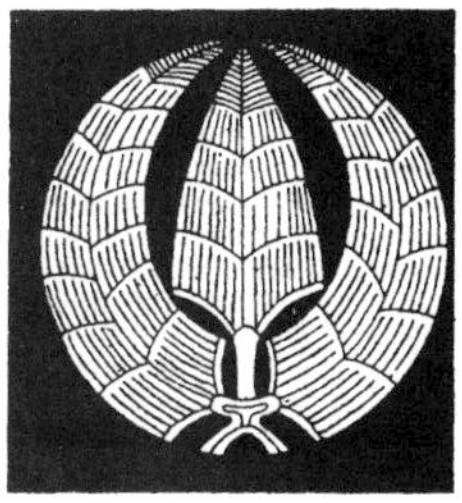
364

365

366

367

368

369

370

371

372

373

374
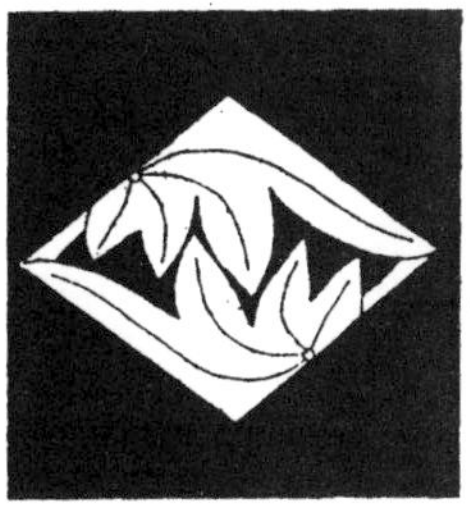
375

376

377

378

379

380

PLANTS. Row 1, fern; row 2, melon; row 3, gardenia; rows 4 & 5, maple

381

382

383

384

385

386

387

388

389

390

391

392

393

394

395

396

397

398

399

400

PLANTS. California poppy

401 402 403 404

405 406 407 408

409 410 411 412

413 414 415 416

417 418 419 420

PLANTS. Water plantain

  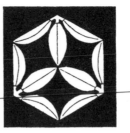 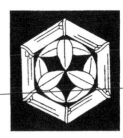

| 421 | 422 | 423 | 424 |

| 425 | 426 | 427 | 428 |

| 429 | 430 | 431 | 432 |

| 433 | 434 | 435 | 436 |

| 437 | 438 | 439 | 440 |

PLANTS. Bamboo grass

441

442

443

444

445

446

447

448

449

450

451

452

453

454

455

456

457

458

459

460

PLANTS. Cherry

461

462

463

464

465

466

467

468

469

470

471

472

473

474

475

476

477

478

479

480

PLANTS. Apricot

481

482

483

484

485

486

487

488

489

490

491

492

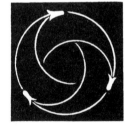
493

494

495

496

497

498

499

500

PLANTS. Pine

501

502

503

504

505

506

507

508

509

510

511

512

513

514

515

516

517

518

519

520

PLANTS. Row 1, nandin; rows 2 & 3, fringed pink; rows 4 & 5, orchid

521

522

523

524

525

526

527

528

529

530

531

532

533

534

535

536

537

538

539

540

PLANTS. Mandarin orange

541

542

543

544

545

546

547

548

549

550

551

552

553

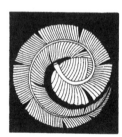

554

555

556

557

558

559

560

PLANTS. Rows 1–3, tea plant seed; rows 4 & 5, plantain

561

562

563

564

565

566

567

568

569

570

571

572

573

574

575

576

577

578

579

580

PLANTS. Rows 1–4, gentian; row 5, iris

581

582

583

584

585

586

587

588

589

590

591

592

593

594

595

596

597

598

599

600

PLANTS. Rows 1 & 2, flower designs; row 3, peach; row 4, cedar; row 5, radish

601

602

603

604

605

606

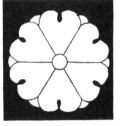
607

608

609

610

611

612

613

614

615

616

617

618

619

620

ASTRONOMICAL & PHYSIOGRAPHICAL. Rows 1 & 2, snowflake; rows 3 & 4,
wave; row 5, sand beach

  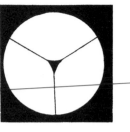 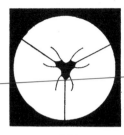

621 622 623 624

625 626 627 628

629 630 631 632

633 634 635 636

637 638 639 640

ASTRONOMICAL & PHYSIOGRAPHICAL. Row 1, mountain; row 2, cloud;
row 3, rising sun; rows 4 & 5, knot

641

642

643

644

645

646

647

648

649

650

651

652

653

654

655

656

657

658

659

660

UTENSILS. Folding fan

 661

 662

 663

 664

 665

 666

 667

 668

 669

 670

 671

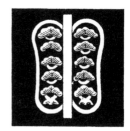 672

 673

 674

 675

 676

677 678 679 680

UTENSILS. Rows 1 & 2, round fan; rows 3–5, swagger fan

681

682

683

684

685

686

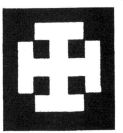

687

688

689

690

691

692

693

694

695

696

697

698

699

700

UTENSILS. Rows 1 & 2, cross; rows 3–5, *Gion* charm

701

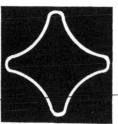
702

703

704

705

706

707

708

709

710

711

712

713

714

715

716

717

718

719

720

UTENSILS. Row 1, bobbin; rows 2–5, metal drawer handle

721

722

723

724

725

726

727

728

729

730

731

732

733

734

735

736

737

738

739

740

UTENSILS. Rows 1 & 2, *chakra;* rows 3 & 4, board; row 5, bell

741

742

743

744

745

746

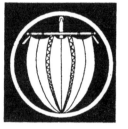
747

748

749

750

751

752

753

754

755

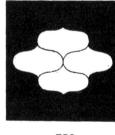
756

757

758

759

760

UTENSILS. Rows 1–3, ship and sail; row 4, net; row 5, anchor

761   762   763   764

765   766   767   768

769   770   771   772

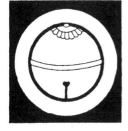   

773   774   775   776

777   778   779   780

UTENSILS. Row 1, key; row 2, candle; row 3, cotton; row 4, bell; row 5, *sake* bottle

781

782

783

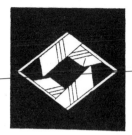

784

785

786

787

788

789

790

791

792

793

794

795

796

797

798

799

800

UTENSILS. Arrow

801

802

803

804

805

806

807

808

809

810

811

812

813

814

815

816

817

818

819

820

ANIMALS. Wild goose

821

822

823

824

825

826

827

828

829

830

831

832

833

834

835

836

837

838

839

840

ANIMALS. ROWS 1–3, crane; rows 4 & 5, Chinese phoenix

841

842

843

844

845

846

847

848

849

850

851

852

853

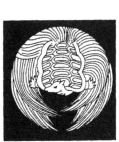

854

855

856

857

858

859

860

ANIMALS. Rows 1 & 2, sparrow; row 3, shrimp; row 4, tortoise;
row 5, horse and rabbit

861   862   863   864

865   866   867   868

869   870   871   872

873   874   875   876

877   878   879   880

ANIMALS. Butterfly

881

882

883

884

885

886

887

888

889

890

891

892

893

894

895

896

897

898

899

900

ANIMALS. Hawk feather

 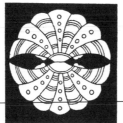  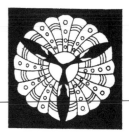

901 902 903 904

   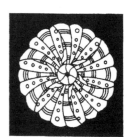

905 906 907 908

 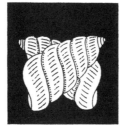  

909 910 911 912

913 914 915 916

917 918 919 920

ANIMALS. Rows 1, 2 and first image on row 3, *Pecten laquaetus sow;*
remaining images on row 3, roll shell; row 4, clam; row 5, crab

46

INDEX